O jornal na catequese

Dinâmicas e orientações

COLEÇÃO METODOLOGIA E CATEQUESE
Coordenação: Marilac L.R. Oleniki

– *Coordenador de Pastoral: um serviço à comunidade*
José Luiz Garcia
– *As correntes contemporâneas de catequese*
Francisco Morás
– *Catequese e liturgia*
Pe. Assis Moser, SDB
– *Recursos didáticos para a catequese*
Léo Marcelo P. Machado e Mirian Inês Andrade Lise
– *O jornal na catequese: dinâmicas e orientações*
Nyeta Magalhães Campos e Rosangela Tardelli de Andrade

Dados Internacionais de Catalogação na Publicação (CIP)
(Câmara Brasileira do Livro, SP, Brasil)

Campos, Nyeta Magalhães
O jornal na catequese : dinâmicas e orientações / Nyeta Magalhães Campos, Rosangela Tardelli de Andrade. – Petrópolis, RJ : Vozes, 2005.
ISBN 85.326.3226-2
Bibliografia.
1. Catequese – Igreja Católica – Estudo e ensino 2. Dinâmica de grupo 3. Evangelização 4. Jornais – Uso I. Andrade, Rosangela Tardelli de. II. Título.

05-6150 CDD-268.6

Índices para catálogo sistemático:
1. Jornal na catequese : Dinâmicas : Métodos de instrução : Cristianismo 268.6

Nyeta Magalhães Campos
Rosangela Tardelli de Andrade

O jornal na catequese

Dinâmicas e orientações

EDITORA
VOZES

Petrópolis
2005

Rua Frei Luís, 100
25689-900 Petrópolis, RJ
Internet: http://www.vozes.com.br
Brasil

Editoração: Elaine Mayworm Lopes
Projeto gráfico: AG.SR Desenv. Gráfico
Capa: Marta Braiman

ISBN 85.326.3226-2

Este livro foi composto e impresso pela Editora Vozes Ltda.

Sumário

1

O QUE JORNAL TEM A VER COM CATEQUESE?

A catequese vem tentando responder às rápidas mudanças da sociedade brasileira: vivemos um tempo marcado pela massificação, consumismo, competição, exclusão, desigualdades sociais que levam à violência, à concorrência e à quebra da relação consigo, com o outro, com a natureza e com o Transcendente.

Em tempos de profunda crise de sentido surgem, também, as soluções mais inéditas e criativas. Somos capazes de responder com coragem às novas exigências. Portanto, "a catequese, além de sólida fundamentação da fé, deve ser capaz de ajudar o cristão a converter-se e a comprometer-se no seio de uma comunidade cristã para a transformação do mundo" (CR 19).

"A catequese tem o objetivo último de fazer escutar e repercutir a Palavra de Deus"

(CR 31).

Deus nos fala através da Bíblia, que ilumina nossa vida. Mas, como Pai amoroso, Ele deseja que sintamos sua presença em nossa caminhada de povo. Ele também nos fala nos pequenos gestos e acontecimentos diários de nossa comunidade, de nossa cidade e do mundo. Nossa história nos ajuda a fazer uma melhor leitura da Palavra de Deus. Muitos fatos e acontecimentos de nossa história hoje são retratados pelos meios de comunicação social. Diante desse processo, podemos reconhecer que:

"Deus fala partindo de algo que os homens já conhecem, que pertence à experiência deles, e procura levá-los a descobrir e compreender algo novo do seu ser, do seu amor, da sua vontade"

(CR 48).

Por isso, uma das opções de base da catequese é fazer ligação entre fé e vida. Não podemos falar de Deus sem falar de homens e mulheres históricos. Somos co-responsáveis pela obra da Criação. Fomos criados para a comunhão e a participação na construção do Reino que começa aqui e agora. Logo, a interação fé e vida pode ser descoberta e reconhecida nos fatos e acontecimentos que vimos, lemos ou ouvimos, noticiados em nossos jornais.

1.1 - POR QUE USAR JORNAL NA CATEQUESE

O uso crítico e permanente de variados jornais e revistas favorece a integração das pessoas nos ambientes comunitários e educativos, promovendo o desenvolvimento da cidadania.

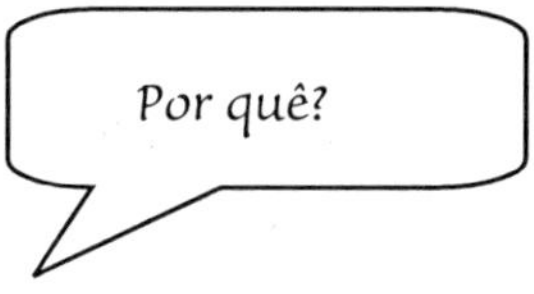

Porque provoca o diálogo, facilita os questionamentos, revela as satisfações, insatisfações e necessidades sociais, políticas, econômicas e ambientais por meio das notícias que são veiculadas.

Um ambiente repleto de possibilidades e estímulos à leitura é indispensável em qualquer lugar: igrejas, associações de bairro, escolas...

O contato permanente com esses instrumentos viabiliza a alfabetização e o letramento em todos os níveis e aspectos, ampliando os horizontes culturais e as formas de participação.

O trabalho sistemático com o jornal viabiliza também o desenvolvimento de habilidades indispensáveis à formação de pessoas críticas e comprometidas com a construção de uma sociedade na qual todos possam discutir sobre os valores e a falta deles apresentados nas notícias e deliberar as decisões que afetam a vida das pessoas e suas relações com o meio ambiente. E, para transformar, é necessário conhecer!

"Cada catequista deve aprender a fazer a análise de conjuntura da própria realidade local"

(CR 172).

É muito importante que o catequista seja uma pessoa bem informada e pronta a partilhar conhecimentos. Precisa estudar constantemente e pode recorrer aos meios de comunicação de massa para fazer as relações entre fé e vida, inserindo a comunidade num contexto social, político, econômico e religioso maior.

Nesse aspecto, o jornal pode ser um instrumento aliado na contextualização dos fatos históricos. E, nos encontros de catequese, pode oferecer dinamismo e aumentar a participação dos catequizandos, que passam a ficar mais atentos aos fatos veiculados pela mídia.

O hábito de ler jornais e revistas nos traz, além da informação, o prazer de poder partilhar conhecimentos, de atuar, ser protagonista da história vivendo em comunidade.

Quem tem o hábito de ler se expressa melhor, dá opiniões, faz associações, argumenta, desenvolve o poder de síntese, indução, dedução, análise, classificação, desvela e revela a rede de relações da qual fazemos parte e ainda propõe soluções locais para problemas universais.

O espaço para o desenvolvimento da leitura e da livre expressão encoraja a troca, fortalece a auto-estima e a identidade, impulsiona o exercício da cidadania da criança, do adolescente e do adulto.

É fundamental que, mesmo sem dominar a técnica da leitura, todos tenham acesso às informações do dia-a-dia por meio do manuseio do jornal ou da apresentação oral das notícias feita por outra pessoa. Trazer novidades ou notícias relacionadas a discussões anteriores e às temáticas dos encontros de catequese aguçará a curiosidade pela busca de novas informações sobre os temas de seu interesse. Logo todos estarão trazendo sua contribuição de leitura, pois sentirão, naturalmente, que quem os orienta é um/uma leitor/a atento/a e interessado/a em compartilhar suas descobertas.

Quando a comunidade é carente e não possui jornais e revistas em casa, esta atividade se torna ainda mais indispensável, pois este será o único espaço onde eles farão tal tipo de reflexão. Por isso, pode-se solicitar na comunidade a colaboração para doação de jornais para a catequese.

Uma boa forma de estimular que os catequizandos tragam e leiam suas próprias contribuições é ter um palanquinho – uma caixa de madeira como um pequenino palco. Cada vez que a pessoa desejar ler para o grupo, sobe no palanque. Esse espaço é mesmo especial, mágico! Dá coragem e força para falar diante dos colegas. É um ótimo exercício de oralidade e cidadania. E dá segurança para os momentos coletivos, como a hora de se apresentar na missa como leitores, comentaristas e na hora de defender idéias e ideais.

1.2 - NOSSA PROPOSTA

Este livro é interativo, pois contém algumas propostas de ação e reflexão que serão complementadas e/ou recriadas a partir das necessidades evidenciadas por você, catequista.

Para isso, sugerimos que tenha sempre à mão uma caderneta para fazer registros durante o desenvolvimento das tarefas. E, ao término, junto com o grupo, anotar sempre:

- objetivos atingidos;
- maiores dificuldades e facilidades;
- conteúdos e temas abordados;
- descobertas;
- desafios.

Levando em consideração que, em casa, muitos não têm acesso a nenhum instrumento de leitura, é sempre bom viabilizar a partilha dos conhecimentos com os familiares. Propomos que sejam elaboradas tarefas que possibilitem o contato, o manuseio e a leitura do jornal por todos, tais como:

- ❑ ler para os familiares a matéria que mais gostou;
- ❑ conversar sobre os assuntos que foram trabalhados na catequese fazendo relação com as notícias do jornal;
- ❑ questionar as pessoas sobre a utilidade do jornal;
- ❑ pesquisar as preferências dos familiares em relação aos cadernos ou assuntos do jornal;
- ❑ dar um tema previamente para que a família selecione notícias para o encontro de catequese;
- ❑ de acordo com os encontros, use sua criatividade e crie outras atividades...

1.3 - METODOLOGIA

Nas dinâmicas que criamos para este livro seguimos o método Ver, Julgar, Agir, Avaliar e Celebrar, tão comum e eficaz à nossa prática eclesial.

No VER, os catequizandos focam seu olhar na realidade à sua volta a partir de uma análise crítica dos fatos. É nesse momento que o jornal pode ser oferecido pelo catequista como fonte de pesquisa desses acontecimentos diários que devcm ser vistos através dos olhos misericordiosos de Jesus.

> "Este VER já é feito com os olhos da fé, a partir dos pobres e com o coração de pobre, a partir de situações concretas da vida pessoal e da comunidade, descobrindo os sinais dos tempos, acolhendo amorosamente a realidade, procurando descobrir as causas que apresentam a presença ou ausência de Deus"
>
> (Diretório Nacional de Catequese 261).

A partir do VER, o JULGAR oportuniza a reflexão, o discernimento entre o que lemos e avaliamos nos jornais a partir da Palavra de Deus; o CELEBRAR será o momento de revelação das descobertas que a Palavra de Deus inspirou, iluminou.

O AVALIAR é o processo de análise e compreensão sobre o que se viu, ouviu e leu. Nele os catequizandos e catequistas precisam identificar:

- ✓ os aspectos expressivos e valorosos que o conteúdo explorado ofereceu a cada um e ao grupo de catequizandos;
- ✓ os aspectos que empobrecem a criação, a beleza da vida e que necessitam ser transformados;
- ✓ as alternativas viáveis e prováveis de mudança a partir de cada um e do grupo de catequese.

Quando o seu grupo de catequese se perceber agente de transformação da sua comunidade, o jornal também será útil na hora do AGIR. Eles desejarão usar todos os espaços de atuação oferecidos aos leitores em jornais e revistas.

1.4 - NOTÍCIA SEM RECORTE

A orientação de que seja possibilitado o manuseio de diferentes jornais por inteiro é para que as pessoas tenham uma visão integral do cotidiano, percebam as relações entre os fatos, descubram outras áreas de conhecimento, identifiquem suas preferências, rejeições, evidenciem seus sentimentos. Só tendo essa noção do todo poderão perceber a transversalidade dos temas. E lendo o que lhes interessa, acostumar-se-ão a fazer escolhas e refletir sobre elas.

> "Em Jesus Cristo todos somos chamados a participar da própria vida divina pelo Espírito Santo, e daquela 'cristificação' do cosmo e da história, que Deus pensou desde o início do mundo"
>
> (Cl 1,15-20).

2

COMO USAR O JORNAL

Este capítulo vai ajudá-lo a introduzir o jornal como ferramenta para a catequese. Precisamos propiciar situações onde os catequizandos conheçam o jornal, sua função, suas partes, aprendam a manuseá- lo e aprendam a se organizar para aproveitar o tempo disponível. E você, catequista, precisa antes entrar em contato com a riqueza de linguagens que traz o jornal e ter claro seus objetivos ao introduzir seu uso na catequese.

2.1 - DICAS QUE VALEM OURO NO TRABALHO COM JORNAL

Trabalhar com jornal é extremamente gratificante, mas requer alguns cuidados preliminares para garantir o seu êxito; por isso propomos os dez mandamentos do trabalho com jornal:

1. Grampear os diferentes cadernos facilita o manuseio e ajuda a manter a organização do ambiente, especialmente com pessoas que estão iniciando o trabalho com jornal;

2. Ter latas de lixo ou saquinhos de mercado espalhados pela sala para a manutenção da limpeza e manter panos úmidos para a higiene das mãos;

3. Proporcionar, sempre que possível, o manuseio dos jornais por inteiro;

4. Garantir espaço de diálogo para que todos possam se expressar oralmente promovendo o respeito às diferentes formas de pensar;

5. Associar a leitura e a escrita registrando sempre o que foi aprendido;

6. Expor todos os trabalhos acompanhados da avaliação do grupo:

O que vimos? O que sentimos? O que aprendemos?

O que podemos fazer?

7. Trocar experiências com diferentes grupos;

8. Registrar suas descobertas, dificuldades e idéias;

9. Investir no processo de autoformação permanente por meio da leitura de diferentes autores. Consulte nossa bibliografia;

10. Priorizar a prática do trabalho cooperativo e sempre que possível a organização em círculos para que todos possam se enxergar, ouvir e se expressar oralmente.

2.2 - BAÚ DE INTERROGAÇÕES

O catequista deve ser um verdadeiro Baú de Interrogações.

Respeitando as diferentes opiniões, deve sempre ter uma pergunta na ponta da língua ou várias!

Deve, também, ajudar os catequizandos a criarem seus próprios questionamentos.

- ❑ Por que você escolheu este assunto, esta matéria jornalística?
- ❑ A quem beneficia esta situação?

- ❒ O fato é bom para todos ou só para alguns?
- ❒ Quais foram as causas?
- ❒ Quais serão as conseqüências?
- ❒ Quem é destaque?
- ❒ O que a Palavra de Deus diz a respeito deste fato?
- ❒ Que elementos não foram explorados?
- ❒ Quem ficou de fora?
- ❒ A matéria está relacionada com o roteiro do encontro? Identifique como.

É muito importante que os catequizandos percebam que sua presença nos acontecimentos do dia-a-dia pode mudar a história.

Por isso, algumas perguntas contribuem para responder a indignação, a preocupação ou a sensação de impotência deles diante de um fato lido no jornal: E se você fosse uma das personagens da matéria, o que teria sido diferente? Como você mudaria esta situação? Como um cristão deve se posicionar diante deste fato? O que Cristo nos convida a fazer?

23-TRABALHANDO A CAPA DO JORNAL

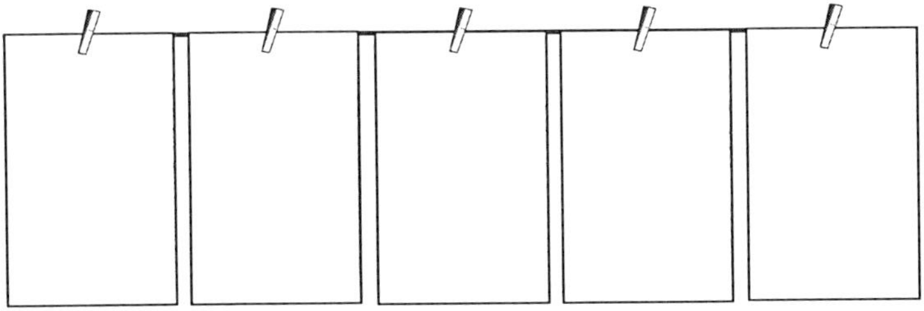

Experimente criar um varal com as capas de todos os jornais da semana, mesmo que seja de semanas anteriores.

Pendure-as num local de passagem dos catequizandos e da comunidade.

Com esse simples hábito, estamos propiciando aos catequizandos perceberem causas e conseqüências de fatos que vêm se desenrolando por vários dias. E, naturalmente, eles relacionam os fatos publicados no jornal com os assuntos que você está trabalhando na catequese.

A capa do jornal contém todas as manchetes do dia anterior. São os fatos que os editores do jornal elegeram como os mais importantes. Por isso, mostra-se necessário analisar a primeira página do jornal com os catequizandos. Para tanto, sugerimos as seguintes dinâmicas como atividades de interação:

Dinâmica: DE OLHO NA CAPA

Material:

✍ Diferentes jornais da mesma data expostos em mural ou cordel.

Número de participantes:

A equipe poderá ter, no máximo, 35 pessoas.

A formação deve ser em círculo.

O catequista precisa estar presente para lançar alguns questionamentos e moderar o diálogo na busca do respeito às diferentes idéias em todas as atividades.

Roteiro da atividade:

1. Destaquem as principais matérias do dia;
2. Comparem os termos utilizados pelos diferentes jornais;
3. Observe o espaço dado a cada uma das matérias.

REFLITA: Por que algumas matérias são escolhidas para ocupar a parte de cima da página?

4. Que outros assuntos foram selecionados para compor a capa?

5. Para quem estas notícias são realmente importantes?

6. Por que ganharam destaque na capa?

7. Quais são as notícias mais importantes para nossa comunidade?

8. Tem algum provérbio ou texto bíblico que se associe às manchetes?

Dinâmica: O VALOR DA NOTÍCIA PARA O GRUPO

Material:

✍ Diferentes jornais da mesma data.

✍ Cola, tesoura, folhas de classificados ou papel pardo.

Número de participantes:

Cada equipe poderá ter, no máximo, 5 pessoas.

Roteiro da atividade:

1. Leiam todas as manchetes que compõem a capa;

2. Convide os catequizandos a folhearem o jornal todo por dez minutos e eleger, para eles, a notícia mais importante do dia anterior;

3. Depois, cada grupo apresenta sua notícia para a turma, explicando o porquê dela ter sido considerada a mais importante. Pode acontecer de alguma notícia da capa ser mantida pela turma e outras serem modificadas;

4. Cada grupo escreve uma manchete e uma chamada para a notícia eleita pelo grupo e decide a foto que vai acompanhá-la ou desenha uma nova ilustração para ela;

5. Juntos, todos os grupos e a catequista vão montar, com esse material, a nova capa para o jornal, destacando em que a notícia contribui com a reflexão da catequese.

Dinâmica: MUDANDO O CURSO DA HISTÓRIA

Material:

✍ Diferentes jornais da mesma data.

✍ Cola, canetas, hidrocor, lápis, borracha... papel pardo.

Número de participantes:

Cada equipe poderá ter, no máximo, 5 pessoas.

Roteiro da atividade:

1. Peça que todos leiam as matérias que compõem a capa dos jornais;
2. Destaquem os fatos que gostariam de ver transformados na sociedade;
3. Reescrevam as manchetes do modo como gostariam de vê-las estampadas a exemplo do que nos ensina Jesus Cristo;

4. Listem as ações que possibilitariam as mudanças necessárias e que estejam de acordo com os valores evangélicos;
5. Reescrevam as chamadas e criem novas ilustrações para as mesmas;
6. Dêem um novo nome ao jornal e montem a capa do futuro que estamos ajudando a construir;
7. Exponham essas páginas e troquem idéias com outras pessoas;
8. Incluam também notícias importantes sobre o trabalho da Catequese, do Crisma e de outras pastorais da sua Igreja.

AVALIAÇÃO: propor ao grupo analisar as produções e destacar, para cada item, dois aspectos sobre o estudo.

Que bom!	Que pena!	Que tal!

Essas atividades favorecem aos catequizandos perceberem que existem diferentes critérios utilizados pela imprensa para a escolha do que vai ser veiculado. E que, como leitores e leitoras, precisamos ter uma visão crítica de tais critérios e criar os nossos próprios jornais segundo os valores que pregam o Evangelho, valorizando nossas necessidades reais e a conquista de nosso povo.

O catequizando vai ter a dimensão de que somos protagonistas de nossa história e da história de nossa comunidade. Podemos e devemos fazer escolhas num mundo acelerado por infinitas informações.

Por fim, podemos propagar nossas descobertas escrevendo para a sessão "Cartas aos Leitores" de todos os jornais, dando sugestões críticas e criativas aos editores.

2.4 - E POR FALAR NISSO...

Vamos a uma proposta de atividade explorando o jornal grampeado e por inteiro.

O jornal pode ser adquirido por meio de campanhas em sua comunidade. Quanto mais variado melhor!

É indispensável a inclusão de jornais e revistas de movimentos alternativos (de Ongs, associações, igrejas, sindicatos...) que valorizam as conquistas comunitárias que não têm espaço na grande mídia. Precisamos valorizar o que há de construtivo e não perder a crença no potencial criativo do ser humano. Todos os problemas têm solução. As pessoas têm direito de formular hipóteses e soluções viáveis para problemas que vivenciam e que vêem estampado nas bancas de jornal, no rádio e na TV.

Dinâmica: E POR FALAR NISSO...

Material:

✍ Diferentes jornais de qualquer data. Um jornal para cada participante.

Número de participantes:

Cada equipe deve ter, no máximo, 15 pessoas. A formação deve ser em círculo.

O dinamizador do grupo precisa estar presente para lançar alguns questionamentos e moderar o diálogo na busca do respeito às diferentes idéias.

Determinar o tempo para cada etapa da atividade.

Roteiro da atividade:

1. Leia as manchetes do jornal e as fotos;
2. Leia o primeiro parágrafo da matéria que mais lhe chamar a atenção;

Após o término de 15 minutos aproximadamente...

3. Uma das pessoas do grupo apresenta a matéria que escolheu determinando sua localização: no jornal tal, no caderno tal, do dia tal eu li que... e lerá o primeiro parágrafo da matéria;
4. A equipe deverá ouvir com atenção para puxar um gancho, um fio condutor e dar continuidade ao jogo: uma pessoa de cada vez tomará a palavra e dirá: E POR FALAR NISSO... no jornal tal, no caderno tal, do dia tal, tem essa matéria falando sobre... e lerá o primeiro parágrafo da notícia;
5. O jogo termina quando todas as pessoas apresentarem a matéria que escolheram ou outra que lhes pareça mais fácil de fazer a ligação;
6. Essa atividade pode ser feita apenas oralmente. Entretanto, quando dispomos de uma folha de papel pardo ou até mesmo folhas de

classificados emendadas, podemos construir uma rede ou teia de informações;

7. Coloque a folha no centro do grupo:

- Após cada apresentação, recortar e colar a matéria na mesma direção em que se encontra a pessoa no círculo acompanhada de um fio qualquer: lã, barbante... Ele será entregue à primeira pessoa que pedir a palavra e seguirá o caminho das matérias apresentadas e coladas. Será o fio condutor dos temas, formando uma rede.

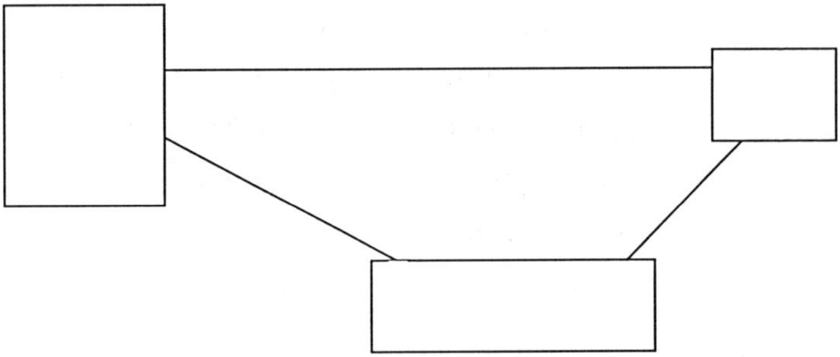

- De acordo com o nível de desenvolvimento do grupo podem ser feitas as seguintes mudanças: ler só as imagens ou ler só as manchetes;

8. Selecionar e apresentar músicas referentes ao tema de maior interesse do grupo;

9. Confeccionar um mural ou álbum seriado ilustrando as músicas com notícias de jornais e revistas.

AVALIAÇÃO

- O que fizemos durante a atividade?
- Sobre que temas dialogamos?
- Qual o assunto que você mais gostou?
- Que objetivos foram atingidos com essa atividade?
- Que habilidades precisam ser mais desenvolvidas?
- Que projetos podem ser elaborados a partir desse trabalho pelo nosso grupo de catequese?

2.5 - POR DENTRO DA REDAÇÃO

Para maior apropriação e utilização correta dos termos jornalísticos, faremos um "passeio" pelo jornal.

Cada participante deverá ter um jornal completo.

Juntos, catequista e catequizandos montarão um painel coletivo. Cada pessoa ou equipe de, no máximo três pessoas, ilustrará um termo jornalístico.

Notícia

São os fatos da atualidade ou assuntos de interesse de determinado grupo social.

Reportagem

Este termo designa todo o processo pelo qual a notícia passa, até ser publicada:

- Cobertura e apuração – repórter e fotógrafo
- Seleção e resumo de dados – repórter e editor
- Redação final da matéria – repórter
- Seleção das fotos, demais ilustrações, criação da manchete – editor

Matéria

É a descrição dos fatos atuais de interesse da comunidade relatados de maneira clara, de acordo com a forma de comunicação do público a que se destina, enriquecida de fotos, gráficos, mapas, tabelas.

A matéria não deve conter a opinião do repórter, e sim a descrição do fato.

Manchete

É o resumo criativo da matéria feito para atrair a atenção dos leitores. A manchete chama, é um verdadeiro convite à leitura. Aparece como título, com letras grandes e sem uso de adjetivos e advérbios.

Subtítulo

Frase explicativa da manchete.

Legenda

Frase que acompanha a foto.

Chamada

Resumo das matérias em destaque estampadas na primeira página de cada jornal. É composta de manchete, pequenos textos, e, às vezes, fotos que levam o leitor até a página por ela indicada.

Editorial

Representa o ponto de vista da empresa sobre o fato que julgou ser de maior relevância dentro da atualidade. Geralmente é um texto sem assinatura.

Editoria

É um conjunto de notícias de: política, esporte, economia... as editorias são fixas.

Caderno

Cada parte separada do jornal. Geralmente, as editorias Nacional, Geral, Internacional, Opinião, Ciência e Saúde, Economia e Política estão reunidas no Primeiro Caderno. Os Classificados são o Segundo Caderno e todas as notícias ligadas à Cultura formam outro Caderno.

Suplemento

São Cadernos Especiais publicados apenas uma vez por semana, em dias predeterminados.

Caderno ou Suplemento Especial

Só sai quando um fato toma proporções nacionais ou internacionais: guerras, eleições, olimpíadas, copa do mundo...

Charge

Piadas com personagens conhecidas inseridas num contexto específico. Por meio do desenho, o chargista opina, critica, traduz o que a opinião pública pensa sobre fatos atuais.

Foto

Registro fotográfico que destaca um dos ângulos da notícia. Um recorte da realidade.

Desenhos e gráficos

Ilustrações que enriquecem a matéria e facilitam a interpretação dos fatos.

Crônica

Textos sobre fatos reais ou imaginários escritos de forma bem-humorada. Favorece a liberdade e a criatividade.

Artigo

Texto jornalístico no qual quem escreve interpreta e opina sobre um assunto atual. Geralmente é convidado um especialista para falar de determinado tema.

Cartas

Espaço destinado à opinião dos leitores que desejam manifestar seus pontos de vista sobre determinada matéria, defender, denunciar, elogiar ou propor soluções para problemas por eles vividos.

Classificados

Anúncios de compra, venda, troca, prestação de serviços, utilidade pública organizados por seções.

2.6 - DIAGNÓSTICO

Em todo trabalho educativo é preciso persistir muito quando estamos introduzindo novas práticas. Algumas habilidades bem desenvolvidas vão facilitar o seu trabalho quando o hábito de utilizar o jornal estiver sendo implantado em seu grupo de catequese.

Durante as dinâmicas do terceiro capítulo do livro, observe seu grupo a partir dos critérios abaixo e esteja sempre o estimulando a avançar.

Não importa a idade! É preciso evidenciar que habilidades seu grupo possui:

- sabe manusear o jornal sem esparramar;
- mantém o jornal de forma que possa ser reaproveitado;
- Identifica as diferentes partes/cadernos do jornal;
- Consegue ler com pontuação;
- Consegue interpretar adequadamente;
- Percebe a quem interessa cada jornal – público-alvo, classe social;
- demonstra interesse espontâneo pela leitura;
- consegue ler nas entrelinhas;
- dá diferentes interpretações para um mesmo texto;
- consegue identificar diferentes linguagens: cartas, crônicas, artigos, pesquisas, entre outros...
- identifica as personagens;

- entende o objetivo de cada linguagem: classificados, cartas, fotos, charges...
- identifica expressões e palavras de duplo sentido;
- interpreta a linguagem gestual que aparece nas fotos;
- associa manchetes às matérias;
- associa diferentes matérias do jornal;
- posiciona-se frente às matérias encontradas;
- é capaz de resumir;
- expõe, oralmente, as notícias lidas no jornal;
- identifica o que foi "recortado", o que não foi dito na notícia;
- associa fatos da atualidade com passagens bíblicas;
- identifica os desejos de Deus para os problemas evidenciados;
- identifica sinais do Reino de Deus;

- consegue relacionar as notícias (manchetes) com as temáticas da catequese;
- identifica a relação fé e vida.

A partir desse diagnóstico, crie atividades que favoreçam a ampliação ou desenvolvimento de tais habilidades no grupo.

3

DINÂMICAS COM JORNAL: UM RECURSO PARA A CATEQUESE

Dinâmica 01: CHAMADOS PELO NOME

"Não tenhas medo: chamei-te pelo nome, és meu. Tu és precioso para mim e eu te amo"

(Isaías 43,1-4).

Material:

✍ Folha de papel ofício, tesoura, cola, restos de jornais, hidrocor e/ou lápis de cor.

✍ Bíblias.

Número de participantes:

O grupo deve ter, no máximo, 35 participantes.

Roteiro da atividade:

VER

1. Peça que cada catequizando escreva em uma folha de papel ofício seu nome com letras grandes e bonitas, como se fosse o nome de uma "celebridade" na capa de uma revista;

2. Recortar imagens, palavras ou manchetes que caracterizem o que Deus quer de você, que chamados Ele lhe faz;

3. Cada pessoa apresenta sua capa de revista para o grupo e, juntos, montam uma exposição com todas as capas. O título pode ser: "Somos todos chamados".

JULGAR

Leiam Isaías 43,1-4 e ouçam ou cantem uma música que seu grupo conheça cujo tema seja o chamado de Deus.

AGIR

Deus nos chama a todo instante. Para ouvi-lo precisamos silenciar, acalmar todo o nosso corpo, sentir nossa respiração.

1. Com o grupo organizado em um grande círculo, dê as seguintes orientações:

   - sente-se, mantendo sua coluna bem reta;
   - feche os olhos para se sentir mais livre e criativo;
   - sinta seu coração bater, a pulsação por todo o corpo, em cada célula;
   - perceba o ar que caminha por todo o seu corpo;
   - sinta a presença de Deus ao seu lado e em seu interior;
   - ouça o seu nome sendo pronunciado por Deus;
   - perceba cada uma de suas sílabas;
   - cantarole, silenciosamente, o seu nome;
   - escreva-o no céu com a ajuda das nuvens;

- escolha uma cor para dar à forma de seu nome;
- para arrematar, derrame muito brilho nele;
- com o coração aberto, olhos e ouvidos atentos, descubra o que Deus quer de você.

CELEBRAR

Cada catequizando escreve uma oração agradecendo a Deus que nos chama e respondendo a seu chamado. Estimule-os a partilhar sua oração com o grupo, mas deixe à vontade para que cada um decida se quer ler ou não ler a sua.

AVALIAR

O que você viu e ouviu durante a atividade?

Quais foram seus sentimentos durante o trabalho?

Que manchete você sugere para avaliar essa dinâmica? Crie uma e apresente para o grupo.

Dinâmica 02: O REINO DE DEUS

Material:

✍ Balões coloridos.

✍ Quadro de giz ou papelógrafo.

✍ Diferentes jornais da grande mídia e da imprensa alternativa.

✍ Bíblias.

Número de participantes:

O grupo deverá ter, no mínimo, 10 pessoas.

Roteiro da atividade:

VER

1. Peça que cada pessoa encha seu balão refletindo sobre o que é o Reino de Deus para ela e qual é seu compromisso com ele;

2. Com todos os balões cheios, em círculo, cada pessoa partilha o que refletiu;

3. Todos devem manter o Reino "em alta". Todos deverão jogar os balões para cima sem deixar que nenhum deles caia, mantendo-se fiel ao seu compromisso de atuação.

Durante alguns instantes, o catequista tem que ficar atento se há pessoas:

✶ cuidando apenas da sua bola;

✶ paradas;

✶ atrapalhando;

✶ participando.

ATENÇÃO: Para dar maior dinamismo, o catequista poderá retirar alguns catequizandos da atividade, observando a reação de cada um e do grupo. Além de tentar dispersar a atividade jogando balões para longe, também pode convencer pessoas a atrapalhar a manutenção do Reino.

JULGAR

1. Passados alguns minutos, aos primeiros sinais de cansaço do grupo, convidá-lo a retornar ao círculo;

2. Juntos, os catequizandos relacionam as atitudes que as pessoas viram e tiveram durante a atividade com o que acontece em nossa comunidade dentro da Igreja;

3. Reunir o grupo em trio e entregar uma Parábola para que leiam e destaquem os personagens e suas atitudes na busca do Reino:

   O Semeador – Mt 13,3-9

   O Joio e o Trigo – Mt 13,24-30

   O Tesouro e a Pérola – Mt 13,44-46

   Os Convidados – Lc 14,16-24

   A Casa sobre a Rocha – Mt 7,24-27

   A Rede – Mt 13,47-50

4. Procurar, no jornal, pessoas ou instituições que buscam, efetivamente, a construção do Reino.

NA ATIVIDADE	NA VIDA
Pessoas sem bola, paradas.	Quando é que nos paralisamos na construção do Reino?
Pessoas sendo afastadas de seu objetivo.	O que nos afasta do Reino?
Pessoas atrapalhando.	Que pessoas ou situações atrapalham a construção do Reino?
Pessoas preocupadas só com a sua bola.	O que provoca o individualismo na comunidade?

AGIR

Montar um mural relacionando as atitudes das personagens das parábolas do Reino com a atuação das pessoas e instituições encontradas no jornal.

CELEBRAR

1. Cada grupo elabora um ato penitencial e cria uma prece para fortalecer o grupo na dinâmica desta construção;

2. Fazer uma grande roda, para, em forma de ciranda, cantar e dançar músicas que falem do Reino.

"Quando Jesus passar" (Pe. Zezinho, SCJ Paulinas – COMEP – Cd Juventude e Vocação)

Quando Jesus passar, (3x)
eu quero estar no meu lugar.

1. No meu telônio ou jogando a rede, sob a figueira ou a caminhar. Buscando água pra minha sede, querendo ver meu Senhor passar.

AVALIAR

Propor ao grupo que cada um crie um balão na cor desejada e escreva nele uma mensagem sobre nosso papel na construção do Reino.

Dinâmica 03: A CRIAÇÃO

Material:

✍ Diferentes jornais – pelo menos um exemplar por grupo.

✍ Tesouras, colas, hidrocor.

✍ Bíblias

Número de participantes:

Grupos de 4 pessoas. No máximo, 35 pessoas.

Roteiro da atividade:

VER

1. Em grupos de 4 pessoas, ler o Salmo 8 e identificar, por meio do jornal, as obras da Criação;
2. Montar um mural com as ilustrações de todos os grupos.

JULGAR

1. Ler, individualmente, o relato da Criação: Gênesis 1;
2. Conversar com o grupo sobre a responsabilidade que os homens e mulheres têm na Criação. Somos co-criadores do Reino de Deus, protagonistas da nossa história, em nosso tempo e espaço físico!

3. Cada grupo irá analisar a primeira página do jornal, refletindo se as notícias que foram escolhidas para a capa expressam o cuidado que devemos ter com a obra da Criação:

- Que espécies da Criação aparecem?
- Que situações estão vivendo?
- Que mudaria nesta situação se Deus fosse ouvido?

CELEBRAR

Juntos, todos cantam "Olho em tudo" (Movimento dos Focolares – Paulinas – COMEP – Cd Canções para Orar 2).

"Olho em tudo e sempre encontro a ti. Estás no céu, na terra, aonde for.

Em tudo que me acontece encontro o teu amor, já não se pode mais deixar de crer no teu amor.

É impossível não crer em ti, é impossível não te encontrar, é impossível não fazer de ti meu ideal." (bis)

AVALIAR

E Deus viu que era bom!

Para você, o que foi bom nessa atividade? O que estamos fazendo para cuidar da criação? Como está a criação e por quê?

Dinâmica 04: BÍBLIA, PALAVRA DE DEUS

Material:

✍ Previamente, o catequista recorta de jornais e revistas palavras de duplo sentido e coloca uma em cada envelope colorido, de acordo com o número de participantes.

✍ Bíblias.

Número de participantes:

No máximo, 30 pessoas.

Roteiro da atividade:

VER

1. Sortear para cada catequizando um envelope, para ler seu conteúdo e partilhar o significado da palavra para si com o grupo;

2. Ao término de cada apresentação, os catequizandos podem complementar dando novos sentidos à mesma palavra.

DEUS, para se comunicar com os homens, adotou essas duas linguagens que se completam mutuamente: a das palavras e a dos gestos ou acontecimentos (CR 35).

A Bíblia narra a história do Povo de Deus desde a Criação e sua mensagem continua atual. Nela é possível identificarmos fatos de nosso cotidiano em que Deus continua se revelando a cada um de nós.

3. Juntos, todos escolhem e cantam uma música que fale sobre a importância da Bíblia como Palavra de Revelação.

JULGAR

Em trio, sortear uma passagem bíblica, ler e responder:

- ➷ O que Deus quer comunicar?
- ➷ A quem se dirige?
- ➷ Que obstáculos encontra?

Passagens bíblicas sugeridas:

* Mc 1,15 – O Reino está no meio de nós
* Mc 1,17 – Pescadores de homens
* Atos 2,44 – As primeiras comunidades colocavam tudo em comum
* 1Jo 4,7-8 – Deus é Amor
* 1Jo 4,20 – Devemos amar os irmãos
* Mt 7,12 – Regra de ouro
* 1Jo 5,14 - Confiança em Deus

AGIR

No plenário, cada grupo apresenta sua reflexão.

CELEBRAR

Ao término de cada apresentação, escolham uma música para cantarem juntos. As músicas devem estar de acordo com o tema das passagens bíblicas.

AVALIAR

Que palavras melhor representam essa atividade?

Que palavras ficaram registradas em seu coração?

Que palavras o mundo precisa?

Escolha uma palavra para oferecer ao grupo e escreva-a da forma mais bonita.

Dinâmica 05: DEUS ESTÁ PRESENTE NOS FATOS

Material:

✍ Um exemplar de jornal por dupla.

✍ Lápis, borracha, caneta, folha de papel ofício.

✍ Aparelho de Cd, um Cd de música instrumental ou com sons da natureza para a sexta etapa da atividade.

Número de participantes:

O grupo de, no máximo, 30 participantes será dividido em duplas.

Roteiro de atividade:

VER

1. Cada dupla folheia o jornal por inteiro;
2. Escolhem uma matéria e lêem;

3. Juntos, respondem:

- O que aconteceu?
- Onde?
- Quando?
- Que pessoas estão envolvidas?
- Por que aconteceu?

JULGAR

1. O que mudaria com a sua presença neste fato?
2. Escolham uma pessoa envolvida no fato. Crie um diálogo de Deus com ela.

AGIR

1. Cada dupla apresentará seu trabalho para o grupo destacando: o fato da matéria, o que mudaria o fato se o grupo se fizesse presente e o diálogo de forma dramatizada?
2. Neste diálogo o que Deus quer revelar ao personagem?
3. Que mensagem tiramos para nossa vida?

CELEBRAR

Inspirados por uma música suave, construam, individualmente, o seu diálogo com Deus.

AVALIAR

Em dupla (de preferência a mesma dupla), busquem ampliar o diálogo:

- Qual a importância do diálogo na vida das pessoas?
- Com quem é mais fácil dialogar?
- Com quem é difícil?
- Como é o diálogo de vocês com Deus?
- O que ele nos disse por meio dessa dinâmica?

Independente da classe social ou da religião que confessa, atualmente as pessoas têm buscado cada vez mais um retorno ao religioso.

E, de uma forma ou de outra, Deus sempre responde aos que o buscam com pureza de coração e humildade para ouvi-lo.

Dinâmica 06: MARIA, MÃE DA IGREJA

"Eis a serva do Senhor, faça-se em mim segundo a tua palavra"

(Lc 1,38).

Material:

✍ Bíblia, diferentes exemplares de jornais e revistas, cola, tesoura.

Número de participantes:

O grupo deverá ter, no máximo, 35 participantes.

Roteiro da atividade:

VER

1. Cada grupo de 5 catequizandos deve folhear o jornal e escolher uma notícia na qual apareça pelo menos uma mulher como personagem. Depois devem descrevê-la e expressar as atitudes e qualidades dessa mulher para o grupão;
2. O catequista, agora, oferece a Bíblia e diz para o grupo que eles vão conhecer uma mulher muito especial e que mudou a nossa história a partir de suas atitudes e pensamentos. E apresenta MARIA.

JULGAR

1. O grupo deverá ler Lucas 1,26-38. Cada participante pode ler uma frase.

Todos juntos, orientados pelo catequista, conversam sobre a passagem dando ênfase ao SIM de Maria.

Maria → Fiel à Palavra de Deus → Confia e se alegra → Serviço e doação

2. Cada grupo de 5 catequizandos recebe uma passagem bíblica referindo-se a Maria:

* Lc 1,39-55
* Lc 2,16-20
* Lc 2,41-51
* Lc 8,19-21
* Jo 2,1-11
* Jo 19,25-27

3. Devem ler a passagem, enumerar as atitudes de Maria, suas qualidades e apresentar para o grupão.

O catequista vai registrando no quadro de giz ou num papel pardo as qualidades e atitudes de Maria em todos os grupos.

AGIR

MURAL: As diferentes faces de Maria hoje

Juntos, os grupos e o catequista relacionam as qualidades e atitudes de Maria às das mulheres encontradas nos jornais e revistas e montam um mural. Os grupos podem, inclusive, escrever poesia com estas qualidades e atitudes.

CELEBRAR

1) Todos cantam "Como é bonito teu nome", de Zé Vicente (Cd Presente da Paulinas – COMEP) e podem rezar a Ladainha de Nossa Senhora ou Ave Maria.

> *"Como é bonito teu nome, ó Maria, cantando a vida, quanta alegria! No teu nome, o nome de ca- da mulher que na vida busca sempre o que Deus quer!"*

Sugestão: A música também pode ser ilustrada com figuras de mulheres retiradas de jornais e revistas e esta atividade pode ser feita perto do Dia Internacional da Mulher – 8 de março. Os catequizandos podem trazer fotos de suas mães para ilustrar a música.

AVALIAR

Cada catequizando deverá fazer a dobradura de um coração ou desenhá-lo e nele destacar as atitudes femininas que devem ser cultivadas por todos nós.

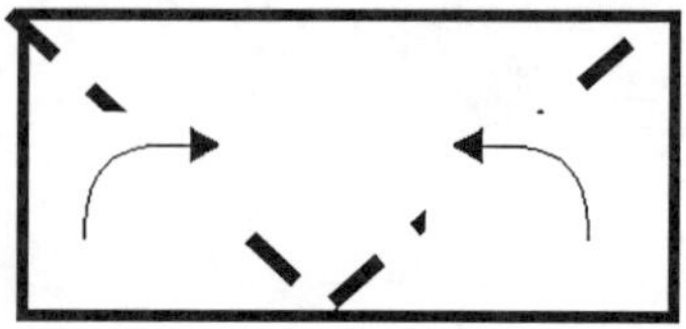

Fig. 1

Trabalhando com a figura 1

Selecionar o papel no formato retângulo. Seu tamanho deverá ser escolhido de acordo com a atividade da dinâmica 06 – Maria mãe da Igreja.

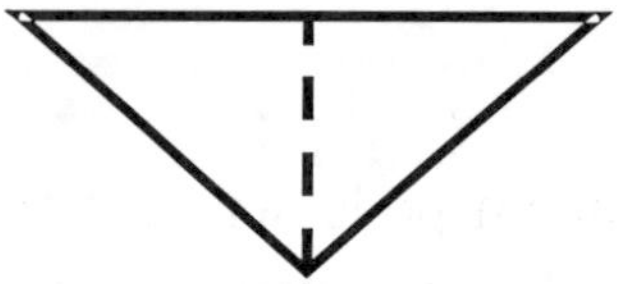

Fig. 2

Pegar o papel, no formato de retângulo, e dobrar as pontas de fora para dentro, observando as setas, para obter um triângulo.

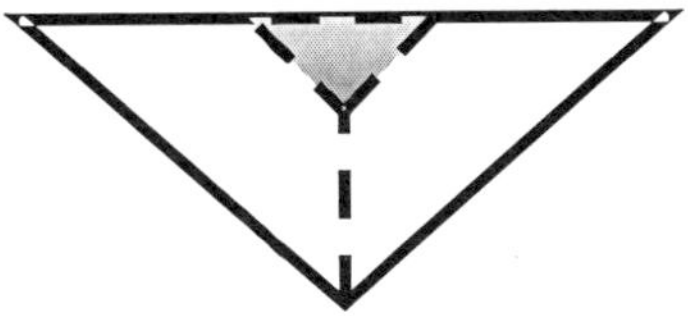

Fig. 3

Trabalhando com a figura 3

Tendo transformado o retângulo em triângulo, você começará uma outra etapa, para isso forme um "V" dobrando as pontas do centro para dentro.

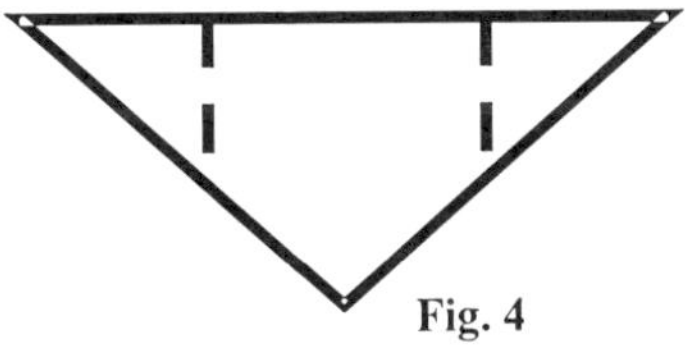

Fig. 4

Trabalhando com as figuras 4 e 5

Vire seu triângulo dobradura e una as pontas laterais até o meio de acordo com as figuras 4 e 5.

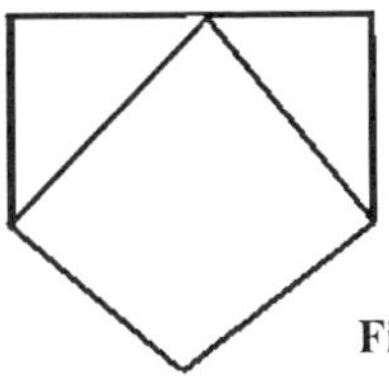

Fig. 5

Trabalhando com as figuras 6, 7 e 8

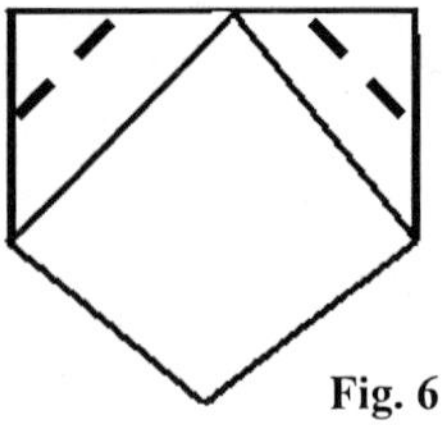

Fig. 6

Dobre, na diagonal, as pontas superiores seguindo o esquema da figura 6, obtendo como resultado a figura 7.

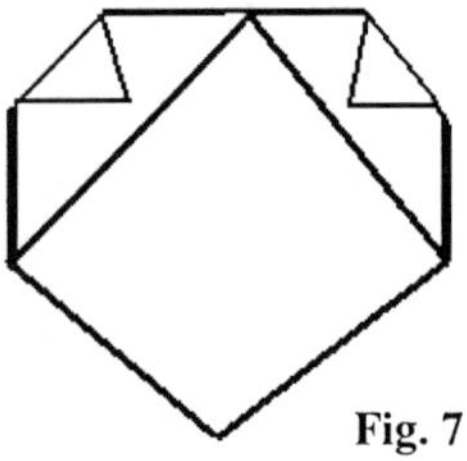

Fig. 7

Vire a figura 7 e você chegará ao final de sua dobradura, tendo construído o coração proposto na atividade conforme a figura 8.

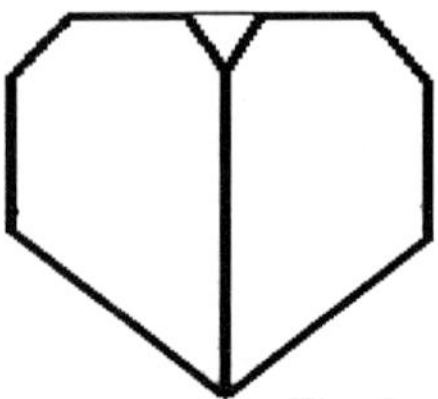

Fig. 8

Dinâmica 07: AS BEM-AVENTURANÇAS

(Mt 5,1-10)

OS CONSTRUTORES DO REINO

Por meio das bem-aventuranças, Jesus nos chama a ser profetas, vivendo os valores que são capazes de transformar a sociedade. As Bem-Aventuranças anunciam a vinda do Reino através da palavra e da ação de Jesus. Hoje somos chamados a viver como Jesus: com sede de Justiça!

Bem-aventurados os pobres de espírito,
o Reino dos Céus é deles.

Para o pobre de espírito, tudo é doação. A amizade é um presente, um raio de sol é um presente, a saúde é um presente, nada lhe é devido, tudo lhe é dado. A pobreza de coração é a pureza e a simplicidade com a qual acolhemos tudo que a vida nos dá. Felizes os que sabem que a verdade pertence a todos.

Bem-aventurados os aflitos porque serão consolados.

Há lágrimas de dor e de alegria, lágrimas de purificação e lágrimas de contemplação. Do ponto de vista psicológico, uma pessoa sente e respira melhor quando pode chorar depois de uma grande dor. Portanto, bem-aventurados aqueles que sabem rir e também aqueles que sabem chorar.

Bem-aventurados os mansos, porque eles herdarão a terra.

Bem-aventurados os mansos é o mesmo que bem-aventurados os doces. A doçura é o respeito. É respeitar o que se toca, o que se vê, o que se escuta. A doçura, do ponto de vista intelectual, é respeitar o pensamento do outro que é diferente do seu. E também aceitar onde estamos. Porque é a partir de onde estamos que podemos dar um passo a mais.

Bem-aventurados os que têm fome e sede de justiça, porque serão saciados.

É uma beatitude ter dentro de nós este desejo de um mundo melhor, no qual haja justiça. É bom que tenhamos este desejo de harmonia em nossas relações uns com os outros. Não devemos estar satisfeitos com a situação presente, porque seria uma infelicidade não enxergar as injustiças atuais.

Bem-aventurados os misericordiosos, porque alcançarão misericórdia.

É uma felicidade ter um coração sensível ao sofrimento do outro. Um ser é verdadeiramente humano quando tem um coração, um coração de mãe que considera todas as coisas como se fossem seus filhos.

Bem-aventurados os puros de coração, porque verão a Deus.

É de grande importância ter o coração puro, porque esta é a condição de ver a realidade, de ver as coisas tais como elas são. O coração puro é o coração livre das projeções, das atrações e das repulsões. É ver cada coisa e a nós mesmos como se fosse sempre a primeira vez.

Bem-aventurados os que promovem a paz, porque serão chamados filhos de Deus.

Os que promovem a paz são aqueles que fazem um trabalho de pacificadores. Não é só falar da paz, discursar sobre a paz, mas trabalhar pela e para a paz, começando por sua própria paz interior, quando você pacifica todo dia sua razão e seu coração.

Bem-aventurados os que são perseguidos por causa da justiça, porque deles é o Reino de Deus.

"Felizes vocês, se forem insultados e perseguidos, e se disserem todo tipo de calúnia contra vocês, por causa de mim. Fiquem alegres, porque será grande para vocês a recompensa no céu. Do mesmo modo perseguiram os profetas que vieram antes de vocês."

Depois de cada bem-aventurança existe um pequeno texto explicativo adaptado do Livro das bem-aventuranças e do pai-nosso, *de Jean-Yves Leloup, da Editora Vozes, p. 60-79.*

Material:

✍ Um exemplar do jornal por dupla ou por grupo.

✍ Tesoura, cola, papel ofício, canetinhas.

Número de participantes:

8 duplas ou 8 pequenos grupos.

Roteiro de atividade:

VER

1. São oito as bem-aventuranças que Jesus nos deixou.

   Cada dupla ou pequena equipe recebe uma delas e sua interpretação e associa valores e atitudes que devam ser cultivados para vivenciá-la;

2. A equipe cria uma manchete utilizando o valor ou atitude escolhida no item anterior e escreve, com letras grandes, no alto da folha de papel ofício recebida pelo grupo;

3. Ilustrar a manchete com fotos de jornais, revistas e desenhos;

4. Cada equipe apresenta seu trabalho ao grupão, pendurando-o num cordel ou mural;

5. O grupo deverá criar, coletivamente, uma introdução para o jornal ilustrado das bem-aventuranças;

6. Pesquisar notícias em jornais e revistas alternativos que mostrem situações e lugares onde já estejam acontecendo fatos em comunhão com as bem-aventuranças.

CELEBRAR

Criar novas estratégias para divulgar as bem-aventuranças para sua comunidade. Que tal uma peça de teatro?

AVALIAR

Durante esse trabalho, que pessoas se destacaram bem-aventuradas? Por quê?

Em que você se acha mais bem-aventurado(a)?

Quem são os pobres atualmente?

Dinâmica 08: SERVIR COMO JESUS

Material:

✍ Diferentes jornais e revistas da mesma semana.

Número de participantes:

Cada equipe poderá ter, no máximo, 5 pessoas.

Roteiro da atividade:

VER

Durante uma semana, cada equipe vai ler jornais, revistas, ver programas de televisão, ouvir programas de rádio para selecionar um político que faz parte do governo.

1. Após o levantamento de dados, preencham o quadro, indicado como modelo:

Nome	Caracterís-ticas	Função	O que defende?	O que ataca?

2. Agora é a sua vez de apresentar suas idéias para o grupo:

- seu nome:
- suas características:
- qual seu papel na sociedade?
- o que você defende?
- o que você ataca?
- com qual dos políticos você mais se identifica? Por quê?
- qual dessas funções você jamais ocuparia? Por quê?

JULGAR

Jesus Cristo feito homem "trabalhou com mãos humanas, pensou com inteligência humana, agiu com vontade humana, amou com coração humano" (GS 22). Ele é o nosso modelo de serviço. O Mestre e Senhor lavou os pés de seus discípulos para mostrar a eles que o único poder que devemos usar é o poder do amor. Somos chamados a servir os/as irmãos/ãs com nossos dons, conhecimentos e habilidades. Leiam, juntos, Jo 13,1-15.

AGIR

1. Toda esta atividade pode ser usada para acompanhar o processo de escolha dos dirigentes do Conselho Pastoral, da Associação de Bairro próxima à sua comunidade ou das eleições municipais, estaduais e federais: cada equipe pode acompanhar um candidato. Se ele for da própria Igreja ou da comunidade, pode ser entrevistado por uma equipe que deverá apresentar ao grupo de catequese sua história, suas propostas, sua atuação na comunidade...

2. Se for candidato a algum cargo público, cada equipe cria um projeto de acompanhamento de todas as notícias que saírem sobre ele e, quinzenalmente, apresenta em forma de mural para a comunidade, com todos os dados levantados.

> "O político por vocação é um apaixonado pelo grande jardim para todos...
>
> A vocação política é transformar sonhos em realidade"
>
> (Rubem Alves).
>
> Texto "Política e jardinagem",
> Folha de S. Paulo, 19/05/2000.

CELEBRAR

Criar pequenas dramatizações para apresentar nas reuniões das pastorais, nas missas e nas festas durante todo o processo eleitoral, mostrando que o cristão também é chamado a amar e servir o próximo em todas as circunstâncias e essa deve ser a qualidade primeira de quem desejamos que nos lidere.

AVALIAR

Solicitar que cada um dos catequizandos complete o acróstico com o nome de pessoas que estão a serviço da sociedade e seus talentos:

____________________ P ____________________

____________________ O ____________________

____________________ L ____________________

____________________ I ____________________

____________________ T ____________________

____________________ I ____________________

____________________ C ____________________

____________________ O ____________________

De que forma estamos a serviço da comunidade?

Dinâmica 09: OS PROFETAS DE ONTEM E DE HOJE

Material:

✍ Um exemplar do jornal por pessoa.

✍ Tesoura, cola, papel pardo ou páginas dos classificados.

Número de participantes:

Um grupo de, aproximadamente, 35 participantes organizados em equipes de 5 participantes.

Roteiro de atividade:

VER

1. Cada equipe folheia o jornal por inteiro;
2. Escolhem duas pessoas ou duas situações que representem:
   - o lugar de quem vocês gostariam de estar;
   - o lugar de quem não gostariam de estar;

3. Colem os recortes no painel;

...gostaria de estar	...não gostaria de estar

4. Analisando o quadro pronto, todo o grupão reflete e enriquece o quadro da seguinte maneira:

   ☞ que atitudes este grupo aprova?

   ☞ que atitudes este grupo rejeita?

   ☞ a partir de suas escolhas, quais são as características principais deste grupo?

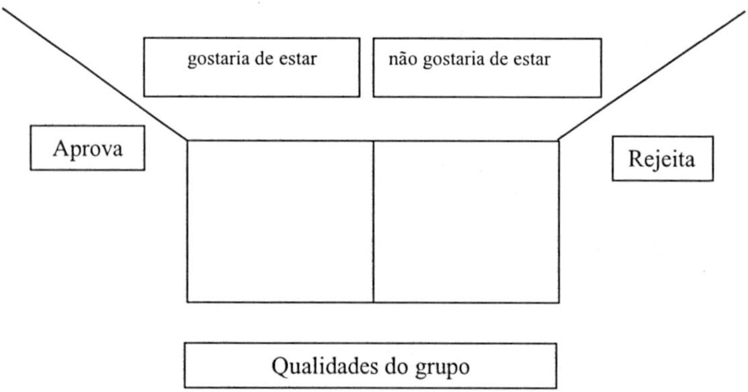

5. Ainda em grupo, reflitam e respondam:

- que personagens se destacaram?
- que valores eles reforçam na sociedade?
- que ações realizadas pelos personagens representam a vivência desses valores?
- qual desses valores evangélicos precisam ser mais alimentados na sociedade?

JULGAR

1. Isaías foi o profeta da justiça e da esperança. Os profetas e as profetizas são pessoas que denunciam e combatem as injustiças de seu tempo e anunciam a construção do Reino de Deus através da Palavra e das ações. Agora, os catequizandos são convidados a conhecer o profeta Isaías lendo o texto bíblico Is 3,13-15.

2. Depois de interpretarem e contextualizarem com a catequista a passagem bíblica, cada equipe deverá listar nomes de pessoas da comunidade, da cidade, do país e do mundo que eles consideram que tenham qualidades de profetas.

O catequista também deve apresentar textos pré-selecionados contendo a história de profetas do nosso tempo: Dom Oscar Romero, Dom Helder Câmara, Betinho, Gandhi, Madre Tereza de Calcutá, Zilda Arns...

3. O grupo volta ao quadro "No lugar de quem você gostaria de estar e no lugar de quem você não gostaria de estar" e analisa se alguma das pessoas selecionadas tem as qualidades necessárias a um profeta.

AGIR

1. Cada equipe procura nos jornais e revistas profetas e profetizas anônimos para a sociedade, mas que fazem história a partir do momento que estão, corajosamente, denunciando o que está acontecendo de errado em nossa sociedade ou pessoas que estão dando soluções criativas e dignas a problemas de hoje;
2. O grupão monta um mural para mostrar para a comunidade o que é ser profeta hoje, usando todo o material coletado e produzido pelas equipes.

CELEBRAR

O grupo faz uma homenagem durante a missa aos profetas da comunidade e uma oração a Deus pedindo mais vocações de profeta.

AVALIAR

Cada equipe deverá destacar o que gostou e o que não gostou durante a atividade:

...gostei de	...não gostei de

Assim como os profetas anunciam e denunciam os erros e acertos no Reino, cada equipe deverá criar um anúncio das possibilidades para o nosso futuro.

Dinâmica 10: CHAMADOS A SER PROFETAS

Material:

✍ Um exemplar do jornal por grupo.

✍ Tesoura, cola, papel ofício.

Número de participantes:

Um grupo de, aproximadamente, 35 participantes organizados, em equipes de 5 participantes.

Roteiro de atividade:

VER

1. Folhear o jornal em busca do espaço reservado às cartas dos leitores;
2. Selecionar duas cartas, com objetivos bem diferenciados, e colar em uma folha;
3. Responder:
    - Algumas destas cartas poderiam ter sido escritas pelo grupo? Por quê? Para quem?

• Alguém já vivenciou a experiência de ter uma carta publicada em algum jornal ou revista? Quando? Qual era o tema da carta?

JULGAR

Quando alguém não pode estar pessoalmente com todas as pessoas para as quais deseja mandar uma mensagem, uma das formas encontradas para se comunicar com elas é escrever uma carta. Na Bíblia também encontramos diversas cartas. Vamos conhecer uma delas lendo uma mensagem de Paulo aos seus amigos e seguidores de Jesus Cristo de Filipos, a primeira cidade européia a receber a mensagem cristã (Fl 4,4-9):

Fiquem sempre alegres no Senhor! Repito: fiquem alegres! Que a bondade de vocês seja notada por todos. O Senhor está próximo.

Não se inquietem com nada. Apresentem a Deus todas as necessidades de vocês através da oração e da súplica, em ações de graças. Então a paz de Deus, que ultrapassa toda compreensão, guardará em Jesus Cristo os corações e pensamentos de vocês.

Finalmente, irmãos, ocupem-se com tudo o que é verdadeiro, nobre, justo, puro, amável, honroso, virtuoso, ou que de algum modo mereça louvor. Pratiquem tudo o que vocês aprenderam e receberam como herança, o que viram e observaram em mim. Então o Deus da paz estará com vocês."

AGIR

1. Cada equipe folheia o jornal e escolhe uma matéria que represente uma das causas de tanta injustiça social no mundo;

2. Todas as equipes apresentam sua matéria explicando por que consideram o fato escolhido como uma das causas das injustiças em nossa sociedade de hoje;

3. Cada equipe escolhe uma das causas apresentadas que eles também reconhecem na comunidade onde vivem e elaboram uma carta para ser enviada aos meios de comunicação, denunciando o problema e oferecendo uma solução viável e criativa;

Lembrem-se que todos somos chamados a ser profetas e profetizas. E hoje em dia contamos com os meios de comunicação para atingir um grande número de pessoas. Precisamos ocupar esses espaços para combater as injustiças e anunciar a Boa-Nova!

4. Corrijam as cartas de, no máximo, 20 linhas e enviem-nas para o maior número possível de jornais e revistas. Não esqueçam de escrever o nome completo de alguém do grupo, com telefone e endereço para garantir que sua carta será lida.
   Acompanhem a sua publicação.

CELEBRAR

1. Escolham para cantar uma música que os inspire a usar a palavra escrita como instrumento de construção do Reino;
2. Na missa, lembrem às famílias que era prática dos cristãos escrever cartas para as comunidades e leiam a carta do grupo que foi enviada para ser publicada por algum dos jornais aos quais vocês a mandaram. Isso vai encorajar a comunidade a ocupar seu espaço na mídia.

Se isso não for possível, divulgue a carta nas reuniões das outras pastorais ou faça um mural num lugar bem visível a toda a comunidade. Ou ainda multiplique-a para, quem sabe, criar uma rede de correspondência.

AVALIAR

Cada equipe deverá criar um anúncio/propaganda/classificado destacando as principais características do jornal editado.

Dinâmica II: EDITANDO O JORNAL DA CATEQUESE

A proposta de editar um jornal, além de concretizar a função social da escrita e da leitura, transforma-se no porta-voz da comunidade quando, por meio dele, são divulgadas as soluções concretas e positivas que as pessoas estão dando aos problemas locais. Como resposta a essa proposta, pessoas da própria comunidade podem se integrar às ações. Fortalecemos, assim, nossos sonhos e a certeza de que, juntos, com ações alternativas, podemos melhorar nosso meio ambiente e viver com dignidade.

A leitura e a escrita são instrumentos de inclusão e promoção do Reino de Deus. Vamos conferir o que nos diz o número 161 do *Diretório geral para a catequese,* sobre a comunicação social.

"O bom uso dos meios de comunicação social requer, dos agentes da catequese, um sério empenho de conhecimento, de competência e de qualificado e atualizado emprego. Mas, sobretudo, pela forte incidência sobre a cultura que os meios de comunicação social contribuem a elaborar, não se deve jamais esquecer que não é suficiente, portanto, usá-los para difundir a mensagem cristã e o Magistério da Igreja, mas é

necessário integrar a mensagem nesta nova cultura, criada pelas modernas comunicações.... com novas linguagens, novas técnicas, novas atitudes psicológicas. Somente assim, com a graça de Deus, a mensagem evangélica tem a capacidade de penetrar na consciência de cada um e de obter a próprio favor, uma adesão e um compromisso realmente pessoal." (DGC, 161)

Número de participantes:

Repórteres organizados em equipes de, no máximo, 5 pessoas.

Roteiro de atividade da primeira reunião de pauta

VER

1. Qual será o objetivo do nosso jornal?
2. A que público se destinará?
3. Será um jornal-mural, em tamanho ofício ou tablóide?
4. Qual será a periodicidade? (Semanal, mensal, bimestral, semestral?)
5. Será vendido ou distribuído?

6. Se vendido, quanto vai custar, de acordo com o levantamento do valor de investimento?

   Obs.: (Busquem anunciantes entre os comerciantes locais se a própria Igreja não puder arcar com os custos.)

7. Qual será o número de exemplares?

8. Se não for jornal-mural, será "xerocado", impresso ou mimeografado?

9. Façam uma votação para escolher o nome do jornal. O nome deve ser criativo, curto e representar bem o objetivo do jornal e o perfil do grupo.

10. Quantas e quais serão as editorias do jornal?

11. Quais serão os temas discutidos no primeiro número dentro de cada editoria?

JULGAR

Selecionar passagens bíblicas que iluminem os temas escolhidos para cada editoria.

AGIR

Mãos à obra!

Montem as equipes de trabalho, dividindo os repórteres entre as editorias.

1. Cada equipe divide as tarefas entre seus participantes. Definem onde, quando, como vão buscar as informações para suas matérias, quem vão entrevistar; elaboram as perguntas, marcam com o entrevistado dia e hora da entrevista. Se possível, comprar filme para máquina fotográfica para que uma pessoa da equipe seja o fotógrafo. Junto deve ir, também, o ilustrador, para que ele escolha "o que" da notícia ele vai desenhar. Ou tente fazê-lo a partir dos textos elaborados.
2. No prazo combinado, os repórteres escrevem as matérias que são revisadas pelo editor (orientador do grupo). As fotos reveladas são escolhidas e o ilustrador entrega charges, gráficos... Juntos, todos decidem como ficará o produto final da reportagem que é a matéria pronta!

DIAGRAMAÇÃO

Todas as equipes se juntam com o editor para decidir quais serão as manchetes dessa edição, onde ficará cada matéria de acordo com a importância delas para a vida da comunidade. E organizam o espaço de cada página do jornal, incluindo os anunciantes.

CELEBRAR

A equipe de liturgia prepara um momento celebrativo de envio dos "missionários" que sairão para distribuir os jornais.

AVALIAR

Segunda reunião de pauta

Fechada a edição e finalizada a distribuição, todos os repórteres e editores fazem nova reunião de pauta para refletir, analisar e fazer possíveis mudanças para a segunda edição. Aproveitam para avaliar a atuação de cada pessoa envolvida nesse longo, mas prazeroso processo de edição de um jornal, e fazer uma pesquisa com os leitores: Quais os temas que mais agradaram? O que os leitores sentiram falta?

Este trabalho é um esforço para a equipe de catequese que poderá ser aproveitado para ampliar na comunidade o desenvolvimento da educação da fé pelo princípio de interação fé e vida, aplicado pelos catequizandos, futuros líderes de nossa Igreja.

Referências

"A catequese hoje". *Catechesi Tradendae. Exortação Apostólica de João Paulo II*. 13 ed. São Paulo: Paulinas, 1982.

BOFF, Leonardo. *Saber cuidar*. 6 ed. Petrópolis: Vozes, 1999.

BORGES, Giovanna Leal. *Dinâmica de grupo. Redescobrindo valores*. 7 ed. Petrópolis: Vozes, 2000.

Catequese renovada. Orientações e conteúdo. Documento da CNBB 26. 35 ed. São Paulo: Paulinas, 1983.

Diretório geral para catequese. Congregação para o clero. 4 ed. São Paulo: Paulinas, 1998.

Diretório nacional de catequese. Instrumento de Trabalho 1. Versão provisória. CNBB, 2003.

DIMENSTEIN, Gilberto. *O cidadão de papel*. 20 ed. São Paulo: Ática, 1994.

HAENRAETS, Pe. Paulo. *Iniciação na fé. Preparação para a primeira eucaristia. Catequizando*. 2 ed. Petrópolis: Vozes, 2003.

KOLLING, Irmã Míria T. et al. *Cantos e orações. Para a liturgia da missa, celebrações e encontros*. Edição A. Petrópolis: Vozes, 2004.

LELOUP, Jean-Yves. *Livro das bem-aventuranças e do pai-nosso*. 1 ed. Petrópolis: Vozes, 2004.

LOPES, Alexander Cordeiro et al. *Coleção crescer em comunhão*. 20 ed. Petrópolis: Vozes, 2002, v. I, II e III.

PATRÍCIO, Zélia et al. *Comunicação e consciência corporal. Toques para dançar a vida*. 2 ed. São Paulo: Paulinas, 1998.

PAVANI, Cecília (org.). *Jornal. (In)formação e ação*. 2 ed. São Paulo: Papirus, 2002.

SOUZA, Guida Weber de et al. *Parábolas do reino*. 1 ed. Petrópolis: Vozes, 1999.

EDITORA VOZES

SEDE E SHOWROOM
PETRÓPOLIS, RJ
Internet: http://www.vozes.com.br
(25689-900) Rua Frei Luís, 100
Caixa Postal 90023
Tel.: (0xx24) 2233-9000
Fax: (0xx24) 2231-4676
E-mail: vendas@vozes.com.br

UNIDADE DE VENDA NO EXTERIOR
PORTUGAL
Av. 5 de Outubro, 23
R/C 1050-047 Lisboa
Tel.: (00xx351 21) 355-1127
Fax: (00xx351 21) 355-1128
E-mail: vozes@mail.telepac.pt

UNIDADES DE VENDA NO BRASIL
BELO HORIZONTE, MG
Atacado e varejo
(30130-170) Rua Sergipe, 120 – loja 1
Tel.: (0xx31) 3226-9010
Fax: (0xx31) 3222-7797
Varejo
(30190-060) Rua Tupis, 114
Tel.: (0xx31) 3273-2538
Fax: (0xx31) 3222-4482

BRASÍLIA, DF
Atacado e varejo
(70730-516) SCLR/Norte, Q. 704, Bl. A, nº 15
Tel.: (0xx61) 3326-2436
Fax: (0xx61) 3326-2282

CAMPINAS, SP
Varejo
(13015-002) Rua Br. de Jaguara, 1097
Telefax: (0xx19) 3231-1323

CUIABÁ, MT
Atacado e varejo
(78005-970) Rua Antônio Maria Coelho, 197 A
Tel.: (0xx65) 3623-5307
Fax: (0xx65) 3623-5186

CURITIBA, PR
Atacado
(80220-040) Rua Pamphilo D'Assumpção, 554 – Rebouças
Tel.: (0xx41) 3333-9812
Fax: (0xx41) 3332-5115
Varejo
(80010-050) Rua Emiliano Perneta, 332 – loja A – Centro
Tel.: (0xx41) 3233-1392
Fax: (0xx41) 3224-1442

FLORIANÓPOLIS, SC
Atacado e varejo
(88010-030) Rua Jerônimo Coelho, 308
Tel.: (0xx48) 222-4112
Fax: (0xx48) 222-1052

FORTALEZA, CE
Atacado e varejo
(60025-100) Rua Major Facundo, 730
Tel.: (0xx85) 3231-9321
Fax: (0xx85) 3221-4238

GOIÂNIA, GO
Atacado e varejo
(74023-010) Rua 3, nº 291
Tel.: (0xx62) 3225-3077
Fax: (0xx62) 3225-3994

JUIZ DE FORA, MG
Atacado e varejo
(36010-041) Rua Espírito Santo, 963
Tel.: (0xx32) 3215-9050
Fax: (0xx32) 3215-8061

LONDRINA, PR
Atacado e varejo
(86010-160) Rua Senador Souza Naves, 158 C
Tel.: (0xx43) 3337-3129
Fax: (0xx43) 3325-7167

MANAUS, AM
Atacado e varejo
(69010-230) Rua Costa Azevedo, 105 – Centro
Tel.: (0xx92) 3232-5777
Fax: (0xx92) 3233-0154

PETRÓPOLIS, RJ
Varejo
(25620-001) Rua do Imperador, 834 – Centro
Telefax: (0xx24) 2246-5552

PORTO ALEGRE, RS
Atacado e varejo
(90010-273) Rua Riachuelo, 1280
Tel.: (0xx51) 3226-3911 e 3225-4879
Fax: (0xx51) 3226-3710

RECIFE, PE
Atacado e varejo
(50050-410) Rua do Príncipe, 482
Tel.: (0xx81) 3423-4100
Fax: (0xx81) 3423-7575

RIO DE JANEIRO, RJ
Atacado
(20031-143) Rua México, 174 – sobreloja – Centro
Tel.: (0xx21) 2215-6386
Fax: (0xx21) 2533-8358
Varejo
(20031-143) Rua México, 174 – Centro
Tel.: (0xx21) 2215-0110
Fax: (0xx21) 2533-8358

SALVADOR, BA
Atacado e varejo
(40060-410) Rua Carlos Gomes, 698 A
Tel.: (0xx71) 3329-5466
Fax: (0xx71) 3329-4749

SÃO PAULO, SP
Atacado
(03168-010) Rua dos Trilhos, 623/627 – Moóca
Tel.: (0xx11) 6693-7944
Fax: (0xx11) 6693-7355
Varejo
(01006-000) Rua Senador Feijó, 168
Tel.: (0xx11) 3105-7144
Fax: (0xx11) 3107-7948
Varejo
(01414-000) Rua Haddock Lobo, 360
Tel.: (0xx11) 3256-0611
Fax: (0xx11) 3258-2841

PARCERIAS
APARECIDA, SP
Varejo
Amanda Carine Chagas Arneiro – ME
(12570-000) Centro de Apoio aos Romeiros, Setor "A", Asa "Oeste"
Rua 02 e 03 – lojas 111/112 e 113/114
Telefax: (0xx12) 3104-1117

BOA VISTA, RR
Varejo
Nepomuceno e Padilha Com. de Livros Ltda. – ME
(69301-110) Av. Major Williams, 5408 – Centro
Telefax: (0xx95) 624-1221 e 224-6047

CAMPOS DOS GOITACAZES, RJ
Varejo
W.T. Castro Livraria e Papelaria Ltda
(28027-140) Rua Visconde de Itaboraí, 169 – Parque Rosário
Tel.: (0xx22) 2735-0003 e 2733-0967
Fax: (0xx22) 2733-0807

SÃO LUÍS, MA
Varejo
J.M.F. de Lira Comércio e Representações de Livros e Artigos Religiosos
(65010-440) Rua da Palma, 502 – Centro
Tel.: (0xx98) 3221-0715
Fax: (0xx98) 3231-0641

xx – CÓDIGO DAS PRESTADORAS DE SERVIÇOS TELEFÔNICOS PARA LONGA DISTÂNCIA.